Sandra Regina

REFORMATÓRIO

Copyright © 2015 Sandra Regina
Visita Íntima © Editora Reformatório

Editores
Marcelo Nocelli
Rennan Martens

Revisão
Fábio Rocha

Projeto gráfico e capa
Lito Lopez Design

Dados Internacionais de Catalogação na Publicação (CIP)
Bibliotecária Juliana Farias Motta CRB7- 5880

R335v   Regina, Sandra
         Visita íntima / Sandra Regina. – São Paulo : Reformatório, 2015.

         96 p. ; 14 x21 cm.

         ISBN: 978-85-66887-19-8

         1.Literatura brasileira. 2. Poesia brasileira. I. Título.

                                                                      CDD B869.1

Índice para catálogo sistemático:
1. Literatura brasileira
2. Poesia brasileira

Todos os direitos desta edição reservados à:

Editora Reformatório
www.reformatorio.com.br

Para Norian Segatto, por tudo, sempre...

*Se um dia viver um amor, não cobrarei fidelidade,
carícias loucas nem declarações engenhosas.
Direi apenas: fica comigo aos domingos.*
Fica?
Ni Brisant

Com hora marcada

Olha o tempo passando, olha o tempo
É domingo, outra vez domingou, meu amor

Gilberto Gil

Hoje é dia de visita
Vem aí meu grande amor
Ela vem toda de brinco
Vem todo domingo
Tem cheiro de flor

Chico Buarque

Clássico

Domingo é dia
De poesia e futebol:
driblar o tempo que passa
E ginga sobre o lençol
Dia de gol e de rima
enquanto lá fora
o Sol brilha
e o corpo comemora
– numa só jogada –
a mesma mútua vitória!

Comum de dois

Em comum,
temos o álibi
o hálito das línguas
ambíguas...
ágeis

em comum,
o calor morno
das salivas
dissolutas
das tardes líquidas
e mudas

em comum,
as incertezas
os mesmos medos:
somos quase
predadores
da mesma presa

incomum
é nosso hábito
– que rápido
nos consome
ainda que
seu toque
(dentro de mim)
demore

De vagar a divagar

Quero sem pressa
sem hora marcada
sem promessa
à vontade
apenas
tua boca
na minha pele
minhas coxas
na tua língua
... de leve

Protocolo

Numa cama qualquer
dia desses...
serei sua mulher!
despida da roupagem
contratual,
desprovida do papel
convencional
um compromisso: apenas
sob belas rendas
sem assinaturas
nem estrelas
(sem testemunhas)
Serei sua
sem hora
para deixar de sê-la
(como agora)

Conspiração

Quando você me faz soneto
A poesia faz trova e brinca
Põe meu verso na ponta dos seus dedos
E minha rima pronta na sua língua

Discurso indireto

Quando escrevo
meus planos
"pretextos"
entre parênteses
leio nas cartas
tantas marcas
entre farpas
entre cascas

Ando farta
de dizer
eu-te-amo
(entre aspas)

Dos domingos vazios

Aos domingos eu crio
meus próprios versos
velhos trejeitos,
novos trajetos
traço trechos, atalhos
Sinto as rimas no cio

Aos domingos eu c(r)io
devoro romances
atrasados
(te) reinvento em nuances
por dentro choro e rio

Aos domingos eu (c)rio
naufrago
me perco (s)em seu verbo
às vezes, falo
às vezes,
só
silencio

Quando você chegar

Quando um grande amor
Tiver o prazer de nos visitar

Flavio Venturini

Me traz o teu sossego
Atrasa o meu relógio
Acalma minha pressa
Me dá sua palavra
Sussurra em meu ouvido
Só o que me interessa

Lenine

A casa lar

Com amor-perfeito
Enfeito a sala
– Te espero chegar
Me ajeito no sofá
Decoro teu lugar
Abro meus poros
Fecho os olhos
Devagar
Te sinto entrar
Por dentro,
Te fito intenso
Em pensamento
quero morar nesses olhos
acasalar

Acordar

A corda do braço
me abraça
num abraço
quente e macio
eu, de repente,
no cio,
me (m)olho
passional...
... e antes de abrir
os olhos
abro pernas e frestas
pra nossa festa
dominical

Sentença mútua

Fizemos da paciência
nossa virtude plena
num tempo desmedido,
marcado pela ampulheta
do vinho

Bebemos sorrisos
tragamos
urgências inaugurais
misturando
inconsequências iguais

sobre os lençóis,
sóbrias inverdades:
nus, somente nós

embriagados de encanto
nos degustamos
entretanto...

Recepção

A boca sempre sente
quando você chega
e fica esperando
que pinte
um beijo tão envolvente
quanto "O Beijo" de Klimt

Ele lírico (ou poema macho)

Nem tire sua roupa, menina!
se o que você quer
é fazer amor...
Não me venha dizer
que só quer transar...
que eu tenho horror!
Ouça bem, garota,
caia na real:
essa coisa de acasalar
só rola no mundo animal
Todo esse papo aí...
tá fora de moda
sexo comigo
é foda!

Solução

Sorvo
seu líquido
me sirvo
do seu sumo
vacilo
salivo
engulo

Convite

Por que você não me chega de repente
me vira, me remexe, me prende...
me prova o gosto escondido
abafa meu gemido?

Por que você não vem agora
me desvenda, me deflora
me joga na cama
me chama?

Por que você não me veste com seus fetiches,
excede nossos limites
me despe dessas promessas eternas?
Por que não me abre logo as pernas?

Inconstância

Vez por outra
ele vem:
mira minha roupa
(me prefere sem)
vez por outra
ele me encontra
eu sempre pronta
(ele só: alguém)
vez por outra
ele beija minha boca
como ninguém

... vez por outra...

Impulso

De súbito
como um susto
inescrupuloso
me vem como um gozo
o desejo
de beijar seu corpo
me colar em sua boca
e apenas ser sua...
ser sua apenas
em todos os poemas

Identidade

Também sou de repente
de rompante
sou dos detalhes
dos retalhos
sou de intriga
de entrega:
e é isso que me faz
da guerra ou da paz

Me revira, me revista

Eu não sou difícil de ler
Arnaldo Antunes

Como encadernação vistosa
Feita para iletrados, a mulher se enfeita
Mas ela é um livro místico e somente
A alguns a que tal graça se consente
É dado lê-la

Caetano Veloso

A dor do meu segredo
(com Almodóvar)

Eu tenho um segredo
sagrado
guardado
sonhado
eu tenho um segredo
secreto
sincero
sentido
eu tenho um segredo
contido
escondido
perdido
eu tenho um segredo
à espera
do seu ouvido

Letargia

Guardei mais um soneto
num frasco de cianureto
o silêncio do verso
(meu vício)
pus num chip de silício
o suicídio do poema
me serve de tema
mas não vira notícia...
a rima sem malícia
pede uma injeção de morfina
(para aliviar os sintomas)
a poesia permanece em coma
e na solidão absoluta
ingere mais uma dose...

de cicuta

Cicio

Sua voz sela
com um beijo
meus sibilantes desejos:
o sal das saudades
sorrisos de sonhos
o sexo em segredo

Reminiscência

Eu escondo
na boca
um beijo
em degredo
mas ele
me entrega
quando escorrega
pela ponta
dos seus dedos

Baú

Colecionu rimas
amenas
não para
(im)perfeitos poemas...
acumulo-as, apenas...
não para prendê-las
numa pequena estrofe
mas para lê-las
... serenas
– quando a poesia
foge

Sem cabimento (talvez)

Talvez eu não caiba
no seu sonho
porque o desejo do meu corpo
lhe causa desconforto
e a minha festa
talvez seja modesta
pro seu apego
generoso

Talvez você não caiba
nas linhas do meu romance
porque sua ficção
me observa de relance

Talvez eu não caiba
nas suas promessas falsas
na sua falta de ilusão
na sua dedicação exausta

Talvez você não caiba
no meu imenso pensamento
simplesmente porque
não tem cabimento

Retrato em branco e preto

Teu rosto
na moldura
hora ou outra
me encontra
à tua procura

eu visito
teu sorriso
te vejo em close
(em pose de astro)
e acho que é pra mim
o teu olhar

a falta de cor
que te decora a face
colore meu pensamento
e meu desejo comemora:
na tela passa um filme
em branco e preto
com direito
a trilha sonora

Venha, volte, fique

A hora do
encontro
É também despedida

Milton Nascimento

*Não quero ser triste
Como o poeta que envelhece
Lendo Maiakovski
Na loja de conveniência
Não quero ser alegre
Como o cão que sai a passear
Com o seu dono alegre
Sob o sol de domingo...*

Zeca Baleiro

Partilha

À delicadeza
gentil
do seu gesto
manifesto-me
acesa e sua
e ofereço
meu verso
ao seu desejo viril
que inunda
com sua matéria-prima
(obscena)
a rima fecunda
do meu corpo-poema

Sem distâncias

Tuas mãos me leem
como a cegueira permite
desconhecem o limite do que veem
Nos teus olhos eu sinto
a cor com o sorriso de um beijo
... amor que finjo indeciso
No teu colo me deixo
rimamos um gozo perfeito
Sobre mim
teu peso
aqui:
(preso)

Banquete

Degusto teu gosto
Sempre pronto
Pro contato labial:
Teu exposto
E monossilábico
Pau
Sugo teu sumo
Te engulo morno
E ácido...
Meu habitual
Ato fálico

Passional

Sua dileta
me leva
a um dilema:
não sei se cometo
um delito
ou um poema

Le plaisir intense de la douche

Nus
abraçamos
a densidade da espuma
a mão insegura
a deslizar...
a lisa pele
que cede
à água que desce
pelas pernas
e se perde
entre os pelos
em euforia
meu beijo lúbrico fantasia
entre os tecidos tensos e úmidos
de outra poesia

Cúmplices

Na poesia
noturna:
falo
(no meu verso)
à procura
da rima
mais chula

Visita íntima

Tua língua desliza
Saliva a rima
No gozo do verso:
matéria-prima

Álibi

Palavra tua
no meu ofício
se conjuga
sinônima:
verbo ou vício?
testemunha
da minha escrita
(assassina)
que troca a prosa
(que teu sujeito usa)
por versos e trovas
da minha rima
absoluta

Extemporâneo

No aconchego do outono
teu corpo em abandono

preso

meu gozo sazonal

Outro monólogo

Se falo dele
emudece
minha voz
só seu gemido
fala por nós

Soneto de infidelidade

Nem sempre, meu amor, esteja dentro
Antes, saiba fazê-lo entre tantos
Que mesmo em fase de algum lamento
Estremeça em meu corpo vibrando

Quero tê-lo em meus vãos em movimento
E nesse calor me lambuzar de encantos
E rir sem siso, te desejar num canto
do meu delírio de acasalamento

Assim, em cada vez que te procuro
Quem sabe, com sorte, eu ainda salive
Quem sabe, com tesão, na minha cama

Eu possa ter teu membro em riste:
Que não seja só rápido, mas sacana
Que esteja interno enquanto duro

Gourmet

Pra que seja
plena e santa
a ceia,
sigo (obscena)
o divino ritual
(sobre a cama)
me sirvo
– sobremesa –
e sorvo seu gozo
ao final

Yesterday

O poema de ontem
ainda lateja
dentro do verso
que te deseja
perto

o poema de ontem
ainda vibra
e canta feito mantra
nos tecidos
na pele
na garganta

o poema de ontem
é inédito clichê
rima única
entre mim
e você

Reencontro

Há um poema preso
na boca faminta
no gosto,
na língua
há um poema posto
no meio das pernas
nas rimas que se alternam
há um poema explícito
no íntimo contato
com o corpo
no gesto
que empresto
e retrato
no verso

Outras manhas

Para fugir das suas armadilhas
uso qualquer artimanha
faço vista grossa
faço manha
Para cair em suas armadilhas
abuso da rima
invoco até um pajé
você, em suas armadilhas,
sacaneia minha veia mulher
mas eu não escondo
que caio com gosto
em sua lábia canalha
se é só isso
que você quer

Tua fêmea

Do novo poema
que me escreves
quero ter apenas
as pernas em tua verve
sem rima nem culpa
no teu poema lasso
me faço breve
peço desculpa:
me visto de musa
só pra ser tua puta

Hidrografia

Na intermitência
dos dias
a poesia me recria
em outras margens
outras paragens
outra guia

e lá deságua
meu verso-fetiche
líquido
que insípido
me confunde
com a rima
sem limite
do seu mapa-múndi

Check-out

Sob o frio cinco-estrelas
de lençóis perfumados e impessoais
o vazio do colchão me contorna
e me deforma com sua ausência
na nossa última sessão
de abstinência e
masturbação

No quarto,
sem prévia reserva,
o desejo adentra:
quando noturnamente
sua voz (outra vez)
me penetra
e nosso gozo (de novo)
se hospeda
debaixo desse teto
de hotel
derradeiramente
via Embratel

Zensações

Sobre seu ombro indefeso
Meu peso em repouso
Esboça nossa
Recíproca submissão
(uníssona)
Sob o silêncio
Da sua
Respiração

Eu e minha solidão

Dos nossos planos é que tenho mais saudade
Renato Russo

Tristeza, hoje eu não estou
Saudade, volte outro dia
Domingo eu não sou boa
Companhia
Se o amor quer me deixar
Me deixe num domingo

Roque Ferreira

Ressaca

E de manhã
quando acordo
e me olho no espelho
sinto que ainda latejo
e todos os meus lábios
ainda sentem teus beijos

Despedida

Sem me despir,
ele se despede:
meu beijo adormece
dentro da boca
enquanto a roupa
me aperta
sem ser aberta

Indulto

Ainda hoje
de tudo me lembro
e juro que sinto
(num instinto natural)
seu beijo único
inaugural
me envolvendo
por dentro...
e entre as pernas
mantenho seu membro
desde o último
31 de dezembro

Das ausências

Não preciso
que você me conte
onde se esconde
quando está longe
preciso,
isso é certo,
que esteja
sempre
perto

Penitência

Vim te pedir perdão
Por todo esse amor
Que trago
Engasgado, afobado
Vim te pedir perdão
Pelas preces que faço,
Pela pressa de ser tua
Vim te pedir perdão
Por todos os pecados
Omitidos
Quando me exponho em sorrisos
E te ofereço meu corpo
Desavergonhado

Prece

Na manhã vazia
A liturgia clama
Por nossa seita profana
Crucificado
Ao seu lado,
Meu corpo pede:
– Permaneça!
Enquanto eu rezo
Para que você
Milagrosamente
Aconteça

Trama para te ser

No branco linho
alinhavo
novo bordado
com renda carmim
fio
cio cingido
pesponto
teu corpo
tecido
em mim

Alucinações

Miro teu corpo
feito adorno
em meus lençóis
Miro tuas mãos
tateando meus poros
... tuas pernas
enredadas em nós

– É tudo miragem!

Subjuntivo

Que o gosto
Comum da libido
Perdure
Em nosso corpo
junto ao perfume
Do gozo que lateja
em seu sentido
turquesa

Recuerdo

El color de tus ojos
(castaños)
brilla y se fija
sobre mis poros
... mientras
te extraño

Aéreo

Desde aquele agora
eu voo sem asas
e ouso
conto as horas
que nos separam
do nosso
próximo

pouso

Promessa

Toda insegurança
se dissipa
se na minha lembrança
seu desejo fica
onde meu gozo está
e a necessidade de sair
é só vontade de entrar

Re-verso

Cansada de fazer
poemas
que ninguém lê
hoje vou vestir
minhas rimas
obscenas
e me despir
pra você

Inútil clichê

O que dizer
quando as palavras
vêm num voo
que rasga
o meu céu
e a estrela que salta
dos olhos
é a mesma que molha
o papel?

Um pedido
ainda me espanta
o verbo
engasga
e arranha
a garganta

O que clamar
se a súplica
suplica
só um desejo
e a única
resposta
que fica
exposta
no corpo
é a falta
do mesmo
beijo?

Como dizer
tudo que vai
com o outro
quando o outro
é sempre
você?

Em que ponto comum
ficamos cada um
sem saber por que
o que nos une
é este inútil
clichê?

Desencontros cotidianos

Tenho gastado meus dias
Sem poesia nos olhos
Sem rima no lápis
Sem muita emoção

Tenho contado as horas recentes
dedilhando as lembranças dos teus dedos
emaranhados em meus pelos:
Imagens dos sonhos acomodados
Em frequentes pesadelos

Patrimônio

Tudo o que trago
na palma da mão
é um coração em pedaços
a falta de cuidados
que teu beijo propala
Saliva em gotas... migalhas
Mantenho esse tesouro
Guardado com o gosto da tua boca
No baú do meu corpo
Até nosso próximo encontro

Outro (dia de) domingo

Por trás da cortina
a retina traz
o rosto
o gosto
o gesto
Fecho os olhos
e os olhos
(vendados)
veem o resto

Contradição

O que sinto por ele
(e não digo)
é meu escrito contido
que se esforça, mas alicia
e me transforma em poesia...
O que digo pra ele
(ou minto)
É verso sem medida
No resto de um poema noturno
Onde transbordo silenciosa
quando em rima eu durmo
e acordo prosa

A gosto

Gosto do gosto que o beijo deixa nos lábios
gosto do gozo que me beija
quando chega apressado
do gosto do gozo no corpo
do que em mim fica impregnado

Gosto do sexo bem-posto
Disposto entre aspas
(entre quatro paredes)
entre parênteses

Indesejáveis

Certos desejos
são como pétalas
néctar incutido
em flor

certos desejos
são como pérolas
nácar contido
incolor

certos desejos
são épicos
resignados
à dor

certos desejos
são bélicos
são só
desejos armados
não amor

Imponderável

Num prato vazio
a vida servida
a sangue-frio

Poemas

Com hora marcada
11 Clássico
11 Comum de dois
13 De vagar a divagar
14 Protocolo
15 Conspiração
16 Discurso indireto
17 Dos domingos vazios

Quando você chegar
23 A casa lar
24 Acordar
25 Sentença mútua
26 Recepção
27 Ele lírico (ou poema macho)
28 Solução
29 Convite
30 Inconstância
31 Impulso
32 Identidade

Me revira, me revista
37 A dor do meu segredo
38 Letargia
39 Cicio
40 Reminiscência
41 Baú
42 Sem cabimento (talvez)
43 Retrato em branco e preto

Venha, volte, fique
49 Partilha
50 Sem distâncias
51 Banquete
52 Passional
53 Le plaisir intense de la douche
54 Cúmplices
55 Visita íntima
56 Álibi
57 Extemporâneo
58 Outro monólogo
59 Soneto de infidelidade
60 Gourmet
61 Yesterday
62 Reencontro
63 Outras manhas
64 Tua fêmea
65 Hidrografia
66 Check-out
67 Zensações

Eu e minha solidão
73 Ressaca
74 Despedida
75 Indulto
76 Das ausências
77 Penitência
78 Prece
79 Trama para te ser
80 Alucinações
81 Subjuntivo
82 Recuerdo
83 Aéreo
84 Promessa
85 Re-verso
86 Inútil clichê
87 Desencontros cotidianos
88 Patrimônio
89 Outro (dia de) domingo
90 Contradição
91 A gosto
92 Indesejáveis
93 Imponderável

VISITA
ÍNTIMA

Esta obra foi composta em Officina Sans
e impressa em papel Pólen Bold 90 g/m²,
pela gráfica PSI-7 para Editora Reformatório
em setembro de 2015.